Direction éditoriale : Jannie Brisseau
Coordination éditoriale : Agnès Besson
Direction artistique : Bernard Girodroux, Anne-Catherine Souletie
Maquette : Ségolène Even

Conforme à la loi n° 49.956 du 16 juillet 1949
sur les publications destinées à la jeunesse.
© Éditions Natnan (Paris-France), 1997
© Nathan/VUEF, 2003 pour cette impression
ISBN 2-09-210629-5 pour la partie livre, N° éditeur 10107085
ISBN 2-09-211258-9 pout le pack livre + CD
N° éditeur : 10102978
Dépôt légal : octobre 2003
Imprimé et relié en France par Pollina s.a., 85400 Luçon - n° 90994

Hɪsᴛᴏɪʀᴇs
ᴘᴏᴜʀ ᴛᴏᴜs ʟᴇs ᴊᴏᴜʀs

Textes de Natha Caputo et Sara Cone Bryant

Illustrations de Sylvie Albert, Hervé Blondon,
Émilie Chollat, Anne-Sophie Lanquetin, Jean-François Martin,
Martin Matje, Christophe Merlin, Nathalie Novi,
Guillaume Renon et Rémi Saillard

NATHAN

Le Petit Chacal
et
le Vieux Crocodile

Le petit chacal aimait beaucoup les coquillages, et il avait l'habitude de descendre chaque jour à l'embouchure du fleuve pour y chercher des moules et des crabes. Un jour qu'il avait très faim, il mit sa patte dans l'eau sans bien regarder – ce qu'il ne faut jamais faire – et, snap ! en un clin d'œil, le vieux crocodile, qui demeure dans la vase noire, l'avait happée dans sa gueule.

« Pauvre de moi ! pensa le petit chacal, le vieux crocodile tient ma patte entre ses vilaines mâchoires, il va me tirer dans l'eau et me manger ! Qu'est-ce que je pourrais bien faire pour qu'il me lâche ?... »

Il réfléchit un instant, puis se mit à dire tout haut en riant :

– Oh ! oh ! oh ! Est-ce qu'il est aveugle, monseigneur Crocodile ? Il a attrapé une vieille racine, et il croit que c'est ma patte ! Oh ! oh ! oh ! J'espère qu'il la trouvera tendre !

Le vieux crocodile était couché dans la vase, et les roseaux l'empêchaient de rien voir.

Il pensa : « Tiens, je me suis trompé », et il desserra les mâchoires, et le petit chacal retira sa patte, et se sauva en criant :

– Oh ! Protecteur du pauvre ! Monseigneur Crocodile, c'est bien aimable à vous de me laisser partir !

Le vieux crocodile frappa de la queue avec colère, mais le petit chacal était bien loin. Il évita le bord du fleuve pendant plusieurs jours, mais enfin, il eut une si grande envie de manger des crabes qu'il ne put pas y résister. Il descendit donc vers le rivage, en regardant tout autour de lui, soigneusement. Il ne vit rien de suspect, mais, n'osant s'y fier, il se tint à distance en se parlant à lui-même, selon son habitude.

– Quand je ne vois pas de petits crabes sur le sable, dit-il tout haut, j'en vois qui sortent de l'eau, ordinairement. Alors, j'étends ma patte et je les attrape... Où peuvent-ils bien s'être cachés, aujourd'hui ?...

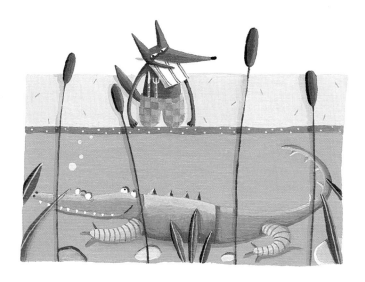

Le vieux crocodile, couché dans la vase au fond de la rivière, écoutait parler le petit chacal, et il pensa : « Ah ! je vais faire semblant d'être un petit crabe, et quand il mettra sa patte dans l'eau, je l'attraperai ! »

Et il fit sortir un peu son museau hors de l'eau.

Le petit chacal le vit tout de suite, et s'écria :

– Oh ! oh ! Merci, monseigneur Crocodile ! Merci de me montrer l'endroit où vous gîtez ! Vous avez trop de bonté, monseigneur ! Je vais chercher mon dîner ailleurs, pour aujourd'hui. Bien le bonjour...

Et il se sauva à toutes jambes.

Le vieux crocodile se mit en rage, mais le petit chacal était bien loin.

Pendant quinze jours, le petit chacal évita le bord de la rivière, mais à la fin des quinze jours, il sentit dans son estomac un vide que rien d'autre que des crabes ne pouvait remplir. Avec précaution, il descendit vers le rivage, et regarda tout autour. Point de crocodile, nulle part. Pourtant, il n'était pas bien rassuré. Il se tint un peu à distance, en se parlant à lui-même, suivant son habitude.

– Quand je ne vois pas de petits crabes sur le sable, ou sortant de l'eau, dit-il tout haut, d'ordinaire je vois des bulles d'air dans l'eau. Les bulles font pouff,

pouff, pouff, et puis, pop, pop, pop, et cela me montre l'endroit où se tiennent les crabes. Alors, je mets ma patte dans l'eau, et je les attrape. Je me demande si je verrai des bulles aujourd'hui ?

Le vieux crocodile, couché dans la vase et les roseaux, l'entendit, et pensa : « Ça, c'est facile. Je vais faire des bulles d'air, et alors, il mettra sa patte dans l'eau, et je l'attraperai. »

Donc, il souffla, souffla, souffla dans l'eau et les bulles d'air firent un vrai tourbillon.

Le petit chacal n'avait pas besoin qu'on lui dise qui faisait ces bulles !

Il jeta un coup d'œil dans l'eau, et se sauva à toutes jambes, en criant :

– Monseigneur Crocodile ! Oh ! Protecteur du pauvre, que vous êtes bon de me montrer où vous vous cachez ! Je vais déjeuner un peu plus loin !

Le vieux crocodile était si furieux qu'il grimpa sur la berge, et courut après le petit chacal, mais celui-ci était déjà bien loin.

Après cela, le petit chacal n'osa plus aller au bord de la rivière, mais il trouva un jardin plein de figues sauvages, qui étaient si bonnes qu'il allait tous les jours en manger.

Le vieux crocodile s'en aperçut et décida qu'il aurait le petit chacal, ou qu'il y perdrait la vie. Il rampa jusqu'au jardin, fit un gros tas de figues sauvages sous le plus grand des figuiers, et il se cacha sous le tas.

Bientôt, le petit chacal arriva en dansant, très heureux et sans souci, mais regardant avec soin tout autour de lui. Il vit le gros tas de figues sous le grand figuier.

« Hum ! pensa-t-il, ça ressemble singulièrement à une ruse de mon vénérable ami, père Crocodile. Je vais faire une petite investigation. »

Il se tint bien tranquille, et commença à se parler tout haut, suivant son habitude. Il dit :

– Les figues que je préfère sont les figues bien mûres, et fendues, qui tombent quand le vent souffle, et, quand elles sont tombées, le vent les fait bouger sur le sol, de-ci, de-là. Les figues de ce gros tas ne bougent pas du tout ; je pense qu'elles doivent être mauvaises.

Le vieux crocodile, caché sous le tas de figues, l'entendit et pensa : « Peste soit de ce soupçonneux petit chacal ! Il faut que je fasse bouger ces figues, et il croira que c'est le vent. »

Il se mit donc à se tortiller, si fort et si bien que les figues roulèrent de tous côtés, et que l'on put voir les grosses écailles de son dos.

Le petit chacal n'en attendit pas davantage ; il se sauva hors du jardin en criant :

– Merci encore une fois, monseigneur Crocodile, vous êtes bien aimable de vous montrer ! Je n'ai pas le temps de vous saluer. Bonjour !...

Le vieux crocodile était fou de rage et il jura qu'il aurait le petit chacal, chair et os. Il rampa jusqu'à la maison du petit chacal ; il enfonça la porte, et se glissa dedans.

Peu après, le petit chacal arriva en dansant, très heureux, et sans souci, mais, regardant tout autour avec soin.

Il vit que la terre était tout aplatie, comme si on avait traîné des troncs d'arbres dessus.

« Qu'est-ce que c'est que cela ? pensa-t-il. Qu'est-ce que cela peut bien être ? »

Puis il vit que la porte de sa maison était enfoncée et les gonds arrachés et il se dit : « Qu'est-ce que c'est que cela ? Qu'est-ce que cela peut bien être ? Je pense que je vais faire une petite in-ves-ti-ga-tion ! »

Il se tint très tranquille, et commença à se parler tout haut, suivant son habitude. Il dit :

– Comme c'est drôle ! Ma petite maison ne me parle pas ! Pourquoi ne me parles-tu pas, petite maison ? D'ordinaire, tu me dis bonjour, quand je rentre. Qu'est-ce qui peut bien être arrivé à ma petite maison ?

Le vieux crocodile, caché au fond de la petite maison, l'entendit et pensa : « Il me faut parler comme si j'étais la petite maison, ou bien, il n'entrera jamais ! »

Il prit une voix aussi douce qu'il put (ce qui n'est pas facile pour un crocodile !), et il dit :

– Allô ! allô ! petit chacal !

Quand le chacal entendit cette voix, il se mit à trembler de peur, et se dit : « C'est le vieux crocodile, et, si je n'en viens pas à bout cette fois, c'est lui qui viendra à bout de moi ! Qu'est-ce que je vais faire ? »

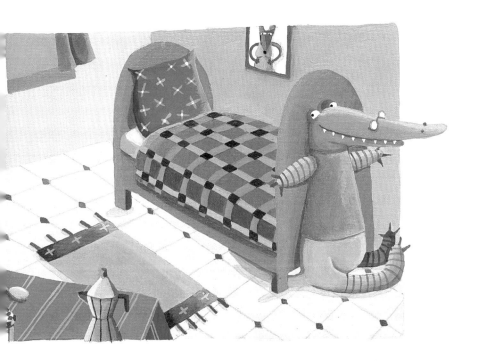

Il réfléchit un moment. Puis, il dit gaiement :

— Merci, petite maison, je suis content d'entendre ta voix, chère petite maison ; je vais entrer tout de suite, laisse-moi seulement chercher du bois pour faire cuire mon dîner.

Il ramassa autant de bois qu'il put, et encore autant qu'il put, et de nouveau, autant qu'il put, et il empila tout ce bois contre la porte et autour de la maison, et il y mit le feu.

Et le bois fit tant de flammes et de fumée que le vieux crocodile fut séché et fumé, comme un hareng saur !

Le Rusé Renard

Le renard moustachu, oreilles pointues, est assis au bord de la rivière. Il réfléchit.

– Des petits poissons crus feraient bien mon affaire ! Mais comment les attraper ?

Et voilà que, flottant sur l'eau, passe une branche d'arbre. Sur la branche, deux mouettes grises sont posées.

– Que faites-vous là, mouettes grises ? demande le renard.

– Nous pêchons des poissons, répondent les mouettes.

– Prenez-moi avec vous ! dit le renard.

– Eh bien, viens ! Saute sur la branche !

Le renard saute, hop !... mais il est trop lourd. La branche chavire et s'enfonce. Les mouettes s'envolent. Le renard tombe dans l'eau...

Il barbote, barbote et, porté par la rivière, il arrive jusqu'à la mer. Autour de lui il n'y a plus que de l'eau.

– Oh ! là ! là ! se dit le renard, je vais me noyer ! Allons, mes pattes, servez-moi de rames et toi, ma queue, sois mon gouvernail !

Et ses pattes repoussent l'eau comme des rames et sa queue vire à droite, vire à gauche, tout comme un vrai gouvernail. Et le renard avance dans l'eau comme s'il était un bateau.

Seulement le renard a oublié d'ordonner à sa queue-gouvernail de le ramener vers la terre et ils s'en vont droit devant eux, lui, ses pattes et sa queue. Les pattes ont beau travailler, la queue a beau virer, le renard ne voit pas le rivage.

Le voilà bientôt en pleine mer. Que faire ? De quel côté aller maintenant ? Le renard est bien ennuyé et, pour tout dire, peu rassuré.

Juste à ce moment, un phoque sort son nez noir entre deux vagues.

– Quelle drôle de rencontre ! dit le phoque en secouant ses moustaches. Un renard dans la mer ? Aurais-tu perdu ton chemin ? Comment pourras-tu regagner la terre à présent... Tu es trop loin !

– Perdu mon chemin ? répond le renard. Pas du tout ! Je suis venu tout exprès pour voir s'il y a encore des animaux dans la mer. On m'avait dit qu'il n'en restait presque plus...

– Quelle idée ! dit le phoque. Nous sommes très nombreux, au contraire. Il y a encore beaucoup de phoques, de morses, de baleines et de cachalots, tu peux me croire !

– Vraiment ? dit le renard. Tant que je ne l'aurai pas vu, de mes yeux vu, je n'y croirai pas. Va chercher tes amis les phoques, les morses, les baleines et les cachalots et rangez-vous les uns à côté des autres. Ainsi pourrai-je vous compter plus facilement !

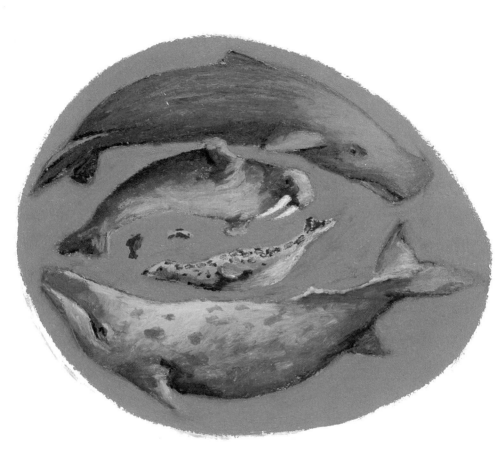

Le phoque plongea et au bout d'un moment revint avec ses amis les phoques, les morses, les baleines et les cachalots.

Ils se rangèrent tous les uns à côté des autres et il y en avait tant qu'ils allaient jusqu'au rivage.

Et le rusé renard grimpa sur eux et tout en courant sur leur dos, il comptait :

« Un phoque, deux phoques, trois phoques, quatre phoques, etc. »

« Un morse, deux morses, trois morses, quatre morses, etc. »

« Une baleine, deux baleines, trois baleines, quatre baleines, etc. »

« Un cachalot, deux cachalots, trois cachalots, quatre cachalots, etc. »

Il arriva ainsi jusqu'à la plage. Alors le premier phoque demanda :

– Eh bien, qu'en penses-tu, renard moustachu, sommes-nous nombreux, oui ou non ?

– Oh ! pour ça, oui, vous êtes nombreux, dit le renard. Juste assez nombreux pour me faire un beau pont sur toute la mer ! Grâce à vous je n'ai pas eu à nager pour revenir à terre. Au revoir, vous pouvez vous en aller à présent ! Je n'ai plus besoin de vous. Et moi, je vais me reposer un peu !

Toutes les grosses bêtes marines plongèrent, battant l'eau de leur queue, fâchées de ce que le renard se soit moqué d'elles.

La Bavarde

Il était une fois une bonne vieille paysanne bavarde comme une pie. Il n'était rien qu'elle pût garder pour elle. À peine apprenait-elle quelque chose que la langue lui démangeait et qu'il lui fallait courir tout raconter à ses voisines et mettre le village entier au courant de la nouvelle. Et si encore elle s'était contentée de redire ce qu'elle avait entendu ! Mais pensez-vous ! Elle brodait, elle en rajoutait, et la moindre petite histoire passant par sa bouche se transformait en une incroyable aventure.

Un jour que son vieux paysan de mari ramassait du bois dans la forêt, il posa le pied sur une motte de terre. La motte de terre s'effondra et son pied s'enfonça dans un trou.

– Que peut-il bien y avoir là ? se demanda le vieux.

Il cassa une branche et fouilla dans le trou. Et voilà qu'il découvrit un petit chaudron. Et ce petit chaudron était rempli de pièces d'or.

– Quelle aubaine ! pensa le vieux. Mais comment l'emporter à la maison ? Si ma vieille bavarde de femme voit le chaudron, elle ira tout raconter à tout le monde. Et je n'aurai que des ennuis...

Le vieux s'assit sur une souche et se mit à réfléchir. Il réfléchit une heure, il réfléchit deux heures, puis il enterra de nouveau le chaudron et rentra chez lui sans rien dire.

Le lendemain matin, il se leva tôt et prit dans le buffet toute une pile de galettes que sa femme avait préparées la veille. Puis il alla au clapier où il attrapa un gros lapin. Et enfin, dans le bassin du jardin du seigneur, il pêcha la plus grosse truite. Et il retourna dans la forêt. Tout le long du sentier il attacha les galettes aux branches des buissons. La truite, il l'accrocha au sommet d'un haut sapin. Quant au lapin, il le mit dans une nasse et le plongea dans la rivière.

Puis il revint chez lui.

– Il m'arrive une aventure extraordinaire ! s'écria-t-il en entrant dans sa petite maison. Imagine-toi, chère bonne vieille femme... Mais si je te le dis, tu iras le raconter partout !

– Non, non, cher petit vieux, je te le promets, je ne dirai rien à personne, mais raconte vite, vite !

– Eh bien, voilà... Mais c'est sûr ? Tu ne le diras à personne ?

– À personne, à personne ! répéta la vieille.

– Eh bien... dans la forêt... dans un trou... j'ai trouvé un chaudron rempli de pièces d'or...

– Grand Dieu ! s'écria la vieille. Allons le chercher tout de suite !

– Prends bien garde à ce que tu diras, reprit le vieux. Sinon, nous aurons des ennuis !

– Oui, oui... C'est entendu ! répondit la vieille avec impatience. Je ne dirai rien de plus que toi. Mais allons vite, je t'en prie !

Le vieux paysan conduisit donc sa femme dans la forêt. Chemin faisant, elle aperçut les galettes qui se balançaient aux branches des buissons.

– Regarde, petit père, dit-elle, regarde ! A-t-on jamais vu chose pareille ! Il y a des galettes aux branches !

– Eh quoi ! répondit tranquillement le vieux, après avoir regardé. C'est tout simple ! Un nuage de galettes aura passé par là cette nuit et aura crevé au-dessus de la forêt...

La vieille s'émerveilla et ne dit plus rien.

Ils poursuivirent leur chemin. Et tout à coup la vieille aperçut la truite au sommet du sapin.

– Petit père, petit père, arrête-toi ! cria-t-elle.

– Eh bien quoi ? dit le vieux. Que regardes-tu ? Dépêchons-nous, voyons !

– Mais n'as-tu pas vu, petit père ? Il y a une truite en haut du sapin !

– Ah ! dit tranquillement le vieux. Tant mieux ! Attends-moi un instant. Je vais grimper la chercher. Nous la ferons cuire pour le dîner.

Et le vieux paysan grimpa sur l'arbre et décrocha la truite. Et la vieille paysanne s'émerveilla encore une fois. Ils continuèrent leur chemin. Bientôt ils furent devant la rivière.

– Puisque nous sommes là, dit le vieux, regardons dans la nasse.

Il regarda dans la nasse et poussa un cri de joie.

– Quelle chance ! Il y a un lapin dans la nasse !

– Es-tu fou ? demanda la vieille. Depuis quand les lapins se prennent-ils à la nasse ?

– C'est pourtant comme ça, répondit tranquillement le vieux. Nous aurons un bon civet dimanche.

Et il prit le lapin et le fourra dans son sac.

Ils arrivèrent enfin à l'endroit où était enterré le chaudron avec l'or, le déterrèrent et le rapportèrent à la maison. La nuit tombait. Il faisait déjà sombre. Non loin de là, un troupeau rentrait à l'étable et les vaches meuglaient.

– Tu entends les vaches, petit père ? dit la vieille paysanne.

– Des vaches ? Quelles vaches ? répondit le paysan. Ce sont les diables qui rossent notre maître et c'est lui qui crie.

Un peu plus loin, la vieille reprit :

— Et cette fois, petit père, n'entends-tu pas les bœufs qui beuglent ?

— Des bœufs ? Quels bœufs ? Je te dis que ce sont les diables qui rossent notre maître et c'est lui qui crie !

Rentrés chez eux, les deux vieux paysans cachent soigneusement l'or. La vieille femme se tait un jour, se tait deux jours, mais elle n'y peut plus tenir et se précipite le troisième jour chez ses voisines, chuchote la nouvelle aux unes, donne des détails aux autres, raconte toutes sortes de merveilles.

Ce n'est plus un petit chaudron mais un gros, ce n'est plus un gros chaudron mais une marmite, ce n'est plus une marmite mais un tonneau.

Et de voisine en voisine, de bouche en bouche, l'incroyable aventure fait le tour du village, arrive jusqu'aux oreilles du gardien du château qui la raconte aux cuisiniers qui la racontent aux domestiques qui la racontent au seigneur lui-même.

Le seigneur se rendit chez le vieux paysan.

– Ainsi, vieux renard, lui dit-il, tu trouves de l'or sur mes terres et tu le gardes pour toi ! Rends-le-moi immédiatement, il m'appartient.

– De l'or ? répondit le paysan, je vous assure, maître, que je n'ai pas trouvé d'or, pas la moindre piécette ! C'est encore cette pie bavarde qui sera allée raconter des histoires !

– Comment, pie bavarde ! se fâcha la vieille paysanne. Ce n'est pas vrai, peut-être, que tu as trouvé un tonneau plein d'or ?

— Allons, dit le seigneur, tu vois bien. Rends-moi cet or, sinon il t'en cuira...

— Mais où voulez-vous que je le prenne ? gémit le rusé paysan. Interrogez ma femme et vous verrez que tout cela n'existe pas...

— Eh bien, dit le seigneur, je t'écoute, ma brave femme. Raconte-moi tout.

— Voilà, maître, dit la vieille. Nous sommes allés au bois juste après que le nuage de galettes ait crevé. Il y avait encore des galettes accrochées à toutes les branches...

– Qu'est-ce que tu racontes ? s'étonna le seigneur.

– C'est comme je vous le dis, maître. Il y avait des galettes accrochées comme des feuilles ; et puis nous sommes arrivés devant un sapin où poussait une truite...

– Vous voyez bien, maître, qu'elle ne sait pas ce qu'elle dit, s'écria le vieux paysan.

– Si, je sais ce que je dis, cria la vieille se fâchant de nouveau. La truite poussait tout en haut du sapin. Et après, dans la rivière, nous avons trouvé un lapin pris dans la nasse...

– Comment ça, dit le seigneur, un lapin dans la rivière ?

– Maître ! N'écoutez plus ses sornettes, dit le vieux.

– Tais-toi ! cria la vieille de plus en plus fâchée. Ce ne sont pas des sornettes. Et c'est à côté de la rivière que nous avons déterré l'or et nous l'avons rapporté à la maison juste au moment où les diables rossaient le maître...

– Qu'est-ce que tu dis ? cria à son tour le seigneur, furieux.

– Oui, parfaitement, je me rappelle très bien que c'était le soir où les diables vous rossaient, maître...

– Mais ta femme raconte n'importe quoi ! dit le seigneur.

– Je vous l'avais bien dit, maître, répondit le paysan.

Mais le seigneur était déjà parti en claquant la porte. Et le vieux paysan garda son trésor. Il paraît, tout de même, que depuis cette histoire la vieille paysanne sait un peu mieux tenir sa langue...

Comment compère Lapin
vint à bout
de la baleine et de l'éléphant

Un jour, compère Lapin s'amusait à sauter sur le sable, hop ! hop ! hop ! quand il vit l'éléphant et la baleine qui causaient ensemble. Compère Lapin se tapit derrière un buisson et les écouta.

Ils étaient en train de se faire des compliments.

– Oh ! compère Éléphant, dit la baleine, c'est vous qui êtes le plus puissant des animaux qui vivent sur la terre, et moi je suis le plus puissant des animaux qui vivent dans la mer, et si vous vouliez, nous pourrions nous associer, et gouverner tous les animaux du monde. Personne ne pourrait nous résister.

– Très bien, très bien, commère, répondit le gros compère Éléphant. Ça me va tout à fait.

Mais compère Lapin n'avait pas du tout envie d'être gouverné par eux. Il s'en alla chercher une grosse, grosse corde, très longue, puis il prit son gros tambour et le cacha dans les buissons. Alors, il marcha sur la plage jusqu'à ce qu'il rencontrât la baleine.

– Oh ! commère Baleine, dit-il, vous qui êtes si forte, rendez-moi donc un service. Ma vache s'est enfoncée dans la boue, à une demi-lieue d'ici, et je ne peux la retirer, mais vous, qui êtes si forte et si obligeante, vous pourrez bien le faire !

La baleine fut si flattée du compliment qu'elle dit oui tout de suite.

— Alors, dit compère Lapin, je vais attacher à votre queue le bout de cette corde, et j'irai moi-même attacher l'autre bout à ma vache, et quand tout sera prêt, je battrai du tambour. Alors, vous n'aurez qu'à tirer bien, bien fort, car ma vache est enfoncée très profond dans la boue.

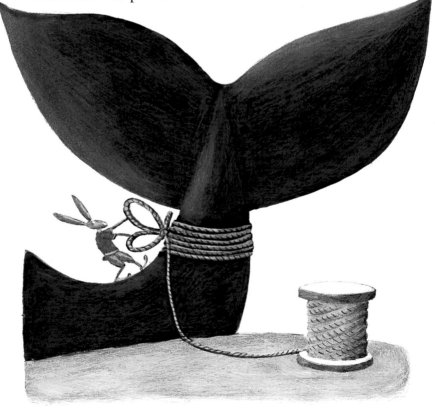

– Mouh ! dit la baleine, allez seulement, je la retirerais bien quand elle serait enfoncée jusqu'aux
cornes !

Compère Lapin attacha la corde autour de la
baleine, et sautant, hop ! hop ! hop ! il alla trouver
l'éléphant.

Comment compère Lapin vint à bout de la baleine et de l'éléphant

— Oh ! s'il vous plaît, puissant compère Éléphant, dit-il, voudriez-vous me rendre un service ?

— Qu'est-ce que c'est ? demanda l'éléphant.

— Ma vache est enfoncée dans la vase, à une demi-lieue d'ici, et je ne peux pas l'en retirer. Naturellement, cela vous sera facile, vous êtes si fort, et si c'était un effet de votre bonté ?

— Certainement, certainement, dit l'éléphant avec condescendance.

— Alors, voilà, dit compère Lapin, je vais attacher le bout de cette longue corde autour de votre trompe, et l'autre bout autour de ma vache, et aussitôt que ce sera prêt, je battrai du tambour. Alors, vous tirerez, tirerez, tirerez, aussi fort que vous pourrez.

— N'aie pas peur, dit compère Éléphant, elle serait aussi grosse que vingt vaches que je la retirerais.

— J'en suis bien sûr, dit compère Lapin. Ne tirez seulement pas trop fort en commençant, et il attacha solidement la corde autour de la trompe de l'éléphant et courut se cacher dans les buissons.

Là, compère Lapin se mit à battre du tambour. La baleine commença à tirer et l'éléphant commença à tirer, et la corde se tendit toute raide.

— Voilà une vache remarquablement lourde, dit l'éléphant, mais je l'aurai bien !

    Et il appuya ses pieds contre un arbre et donna
une énorme secousse.

    – Quelle affaire ! dit la baleine ; cette vache doit
être au fond de la terre !

    Et elle tira de plus belle.

Chacun tirait de son côté, mais bientôt la baleine se sentit entraînée vers la terre, parce que, chaque fois que l'éléphant tirait la corde, il l'enroulait autour de sa trompe.

Elle en fut si fâchée qu'elle plongea, plouf ! plouf ! tête en avant, tout au fond de la mer !

Les pieds de l'éléphant furent arrachés de la terre, et il glissa jusqu'au rivage. Il était terriblement en colère, et donna une telle secousse qu'il amena la baleine hors de l'eau.

– Qui me tire ? mugit la baleine.

– Qui me tire ? trompeta l'éléphant.

Et chacun d'eux vit l'autre avec la corde enroulée autour de son corps.

– Je vous apprendrai à jouer à la vache ! rugit l'éléphant.

– Je vous apprendrai à vous moquer de moi ! mugit la baleine.

Ils se remirent à tirer, mais tout à coup, crrrrac ! la corde se cassa, et voilà la baleine rejetée dans la mer avec un grand plouf ! et l'éléphant sur le dos, les quatre pieds en l'air !

Ils en furent si honteux qu'ils ne voulurent plus jamais se parler. Leur beau projet fut manqué, et compère Lapin en rit encore.

Le Petit Coq noir

C'était un petit coq noir aux plumes lustrées et au jabot luisant. Il portait sa crête avec arrogance et possédait la voix la plus stridente des coqs alentour.

Il appartenait à une très pauvre femme et ils vivaient tous deux, tout seuls, tout au bout du village, dans une vieille masure…

Toute la journée, le petit coq grattait la terre ou le fumier entassé devant la maison et piquait du bec les vers, les grains, les miettes.

De temps en temps il allait faire un tour dans le carré de choux ou bien il picorait une tomate mûre.

Un matin qu'il grattait ainsi, il déterra une pièce d'or qui se mit aussitôt à luire au soleil. Juste à ce moment passait le sultan. Apercevant l'écu d'or il cria :

– Petit coq noir, donne-moi ta pièce d'or !

– Pour ça non, répondit le petit coq. Je la donnerai à ma maîtresse qui en a plus besoin que toi.

Mais le sultan, sans se soucier des cris du coq, s'empara de la pièce et, rentré dans son palais, la porta dans la Chambre aux Trésors.

Le petit coq en colère l'avait suivi.

Il se percha sur les grilles du palais et s'égosilla :

Sultan ventru ! Sultan pansu !

Rends-moi mon bel écu !

Tant et si bien qu'à la fin, le sultan appela la sentinelle qui gardait la porte du palais.

– Va, lui ordonna-t-il. Prends cet insupportable oiseau et jette-le dans le puits. Ça le fera taire.

La sentinelle prit le petit coq et le jeta dans le puits.

Mais le petit coq se mit à marmotter :

Pompe, pompe, mon petit jabot !

Pompe toute l'eau !

Et le jabot pompa toute l'eau du puits.

Le petit coq alla se percher alors sur la fenêtre du sultan et s'égosilla de nouveau :

Sultan ventru ! Sultan pansu !

Rends-moi mon bel écu !

Le sultan appela le jardinier.

– Va, lui ordonna-t-il. Empare-toi de cet insolent petit coq et jette-le dans le four brûlant. Cette fois, il se taira.

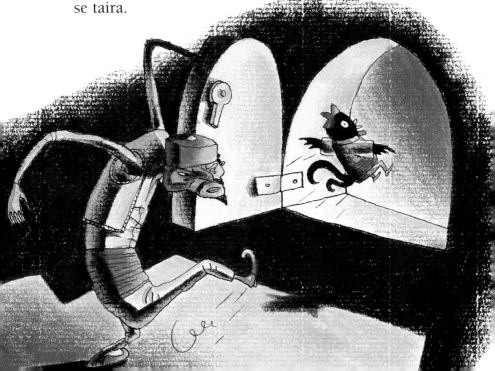

Le jardinier s'empara du petit coq et le jeta dans le four brûlant.

Mais le petit coq se mit à marmotter :

Crache, crache, mon beau jabot,
Crache vite toute l'eau !

Et le jabot cracha toute l'eau du puits et éteignit le four.

Le petit coq alla se percher alors sur la fenêtre du sultan et s'égosilla de nouveau :

Sultan ventru ! Sultan pansu !
Rends-moi mon bel écu !

Le sultan, furieux, appela son fidèle vizir.

– Attrape ce coq du diable, cria-t-il, et mets-le dans une des ruches ! Que les abeilles le piquent jusqu'à ce qu'il se taise. Je ne veux plus l'entendre.

Le fidèle vizir se saisit du malheureux petit coq et le mit dans une ruche.

Mais le petit coq se mit à marmotter :

Petit jabot sans pareil,

Avale les abeilles, avale les abeilles !

Et le jabot aspira toutes les abeilles.

Après quoi, le petit coq retourna dans la chambre du sultan et, se perchant sur son épaule, lui cria dans l'oreille :

Sultan ventru ! Sultan pansu !

Me rendras-tu mon bel écu ?

Le sultan, hors de lui, se mit à crier :

– Eh bien, je t'étoufferai moi-même, satané petit coq, puisque personne n'est capable de venir à bout de toi !

Saisissant le petit coq, il le mit sous son caftan et voulut s'asseoir dessus.

Mais le petit coq se mit à marmotter :

Petit jabot sans pareil,

Lâche les abeilles, lâche les abeilles !

Et voilà toutes les abeilles qui sortent du jabot et se mettent à bourdonner, bourdonner sous le caftan et piquent et piquent le gros derrière du sultan…

Le sultan bondit sur ses pieds.

– Oh ! Oh ! hurla-t-il. Que le diable emporte cet infernal petit coq ! Ouvrez-lui la Chambre aux Trésors, qu'il reprenne son écu d'or, qu'il emporte tout ce qu'il voudra, mais que je n'entende plus jamais parler de lui !

Le petit coq entra dans la Chambre aux Trésors.

Devant lui bâillaient trois coffres pleins d'or et d'argent.

Il reprit d'abord son écu d'or, puis vite il marmotta :

> *Petit jabot brillant, petit jabot brillant,*
>
> *Emplis-toi d'or et d'argent,*
>
> *Emplis-toi d'or et d'argent !*

Et le jabot s'emplit d'or et d'argent.

Puis le petit coq vola tout droit chez lui, se posa par terre et marmotta :

Petit jabot brillant, petit jabot brillant,
Crache l'or et l'argent, crache l'or et l'argent.

Et devant sa maîtresse éblouie, le tas d'or monta, monta… La brave femme en eut jusqu'aux genoux. Elle acheta une grande ferme, la plus grande du village, et s'y installa avec son petit coq. Elle eut des poules, des vaches et des cochons.

Et qui sait ? Peut-être vivent-ils encore dans la même maison…

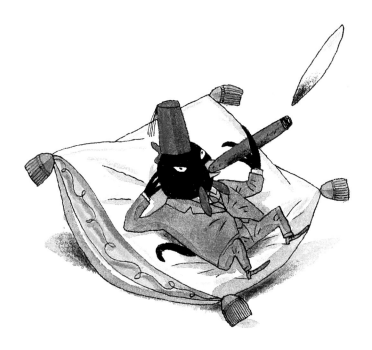

Pourquoi la mer est salée

Il y avait une fois deux frères. L'un était riche, et on l'appelait le riche Yvon. L'autre était pauvre, et on l'appelait le pauvre Yannik. Le riche était très avare. Quand le frère pauvre venait lui demander un secours, il se fâchait, et il finit par lui dire :

– Je te donne encore cette fois, mais ne viens plus m'ennuyer. Si tu as besoin de quelque chose, va le demander aux nains à queue.

Yannik n'avait jamais vu ces nains ; il savait seulement qu'ils demeuraient bien loin sous la terre, et qu'ils étaient assez capricieux. Bientôt après, comme il ne lui restait plus un rouge liard et qu'il savait que ce serait inutile d'aller rien demander à son frère, il prit le chemin de la forêt, et descendit, descendit, descendit, jusqu'à ce qu'enfin il arrivât chez les nains. C'était un drôle d'endroit, avec des feux qui brûlaient un peu partout, et des broches qui tournaient devant. Quand quelque étranger s'égarait par là, le roi des nains disait : « Faites-le rôtir ! »

Et les autres nains l'embrochaient et le tournaient
devant le feu. Ça n'avait rien d'agréable. Le roi, qui
était le plus petit de tous, portait un haut bonnet
pointu et une casaque rouge ; il se promenait çà et
là en disant aux gens :

— Eh bien ! Comment vous trouvez-vous ?

Et naturellement, les pauvres gens disaient :

— Laissez-nous partir ! Laissez-nous partir !

Ce qui amusait beaucoup les nains.

Quand le pauvre Yannik parut, ils sautèrent dessus tout de suite, l'attachèrent à une broche et le mirent devant le plus grand des feux.

Puis le roi vint en sautillant sur un pied et lui dit :

– Eh bien ! Comment ça va, à présent ?

– Pas mal, merci, dit Yannik.

– Mettez du bois au feu ! grommela le roi.

Mais quand il revint un peu après, et lui demanda de nouveau comment ça allait, le pauvre Yannik répondit :

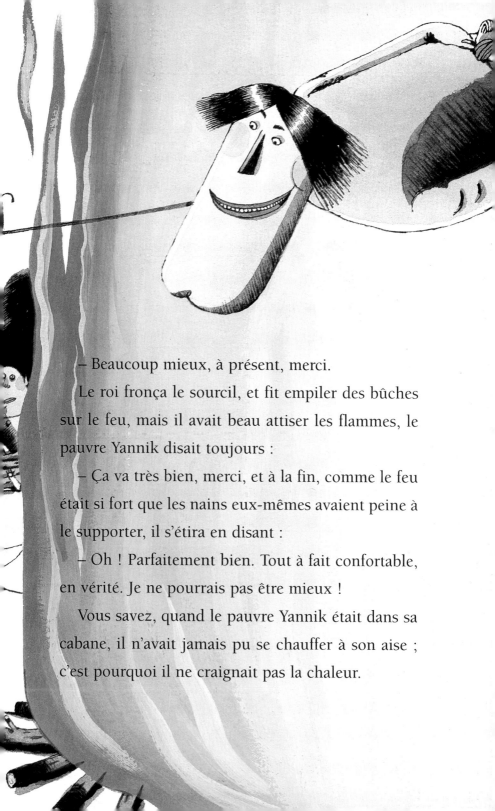

– Beaucoup mieux, à présent, merci.

Le roi fronça le sourcil, et fit empiler des bûches sur le feu, mais il avait beau attiser les flammes, le pauvre Yannik disait toujours :

– Ça va très bien, merci, et à la fin, comme le feu était si fort que les nains eux-mêmes avaient peine à le supporter, il s'étira en disant :

– Oh ! Parfaitement bien. Tout à fait confortable, en vérité. Je ne pourrais pas être mieux !

Vous savez, quand le pauvre Yannik était dans sa cabane, il n'avait jamais pu se chauffer à son aise ; c'est pourquoi il ne craignait pas la chaleur.

À la fin, le roi des nains ne put y tenir.

– Eh bien, dit-il, va-t-en !

– Non, merci, dit le pauvre Yannik, j'aime mieux rester.

– Il faut t'en aller, dit le roi.

– Mais je ne veux pas m'en aller, insista Yannik. Je ne vois pas pourquoi j'irais me geler là-haut. Je suis bien ici.

Voyant qu'ils n'arrivaient pas à tourmenter le pauvre Yannik, les nains tinrent conseil ; puis le roi revint auprès de Yannik et lui dit :

– Qu'est-ce que tu veux que je te donne pour t'en aller ?

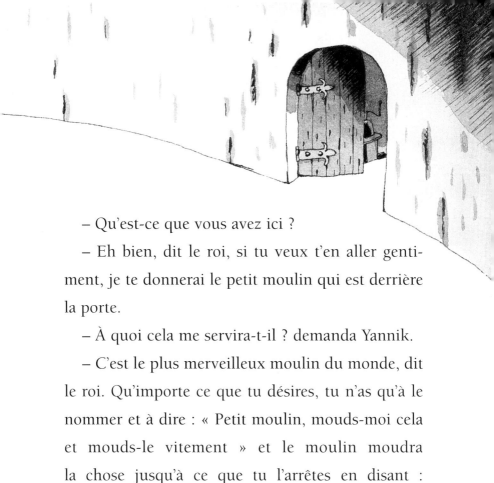

– Qu'est-ce que vous avez ici ?

– Eh bien, dit le roi, si tu veux t'en aller gentiment, je te donnerai le petit moulin qui est derrière la porte.

– À quoi cela me servira-t-il ? demanda Yannik.

– C'est le plus merveilleux moulin du monde, dit le roi. Qu'importe ce que tu désires, tu n'as qu'à le nommer et à dire : « Petit moulin, mouds-moi cela et mouds-le vitement » et le moulin moudra la chose jusqu'à ce que tu l'arrêtes en disant : « Barralatatabaliba ».

– Ça m'a l'air intéressant, dit le pauvre Yannik.

Il prit le petit moulin sous son bras et remonta, remonta, remonta jusqu'à ce qu'il fût arrivé à sa maison.

Quand il fut devant la vieille hutte, il posa le petit moulin par terre et lui dit :

– Petit moulin, petit moulin, il faut me moudre une belle maison, et la moudre vitement.

Voilà le petit moulin qui se met à moudre vite, vite, vite, et voilà paraître la plus jolie maison que vous ayez jamais vue ! Elle avait de hautes cheminées et de larges fenêtres, de grandes portes et de beaux balcons, et juste comme le petit moulin achevait de moudre la dernière marche du dernier escalier, le pauvre Yannik s'écria :

– Barralatatabaliba ! et le moulin s'arrêta.

Puis, il le porta du côté de la basse-cour et lui dit :

– Petit moulin, il faut moudre du bétail et le moudre vitement.

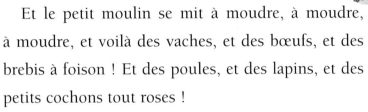

Et le petit moulin se mit à moudre, à moudre, à moudre, et voilà des vaches, et des bœufs, et des brebis à foison ! Et des poules, et des lapins, et des petits cochons tout roses !

Et comme le petit moulin finissait de moudre le dernier tire-bouchon de la queue du dernier petit cochon, le pauvre Yannik s'écria :

– Barralatatabaliba ! et le moulin s'arrêta.

Il fit la même chose avec les meubles, et le linge, et les provisions, si bien qu'à la fin il eut tout ce qu'il lui fallait, et comme il n'était pas avide, il rangea le petit moulin derrière la porte et s'occupa de ses biens.

Quelques années plus tard, un capitaine au long cours vint faire une visite à Yannik. Il lui fit un tel récit de ses aventures que Yannik lui dit :

– Oh ! Je ne pense pourtant pas que vous ayez jamais rien vu de si étonnant que le petit moulin qui est là derrière ma porte.

– Qu'est-ce qu'il a de si étonnant ? fit le capitaine.

– Eh bien ! dit Yannik, il n'y a qu'à lui dire : « Il faut moudre telle chose, petit moulin, et la moudre vitement » et il se met à moudre, à moudre, jusqu'à ce que...

Le capitaine ne prit pas le temps d'en entendre davantage, et il se dépêcha de dire :

– Voulez-vous me prêter ce moulin ?

Yannik sourit un peu, puis il répondit :

– Oui, je veux bien.

Le capitaine prit le petit moulin sous son bras et s'en retourna sur son bateau.

Il y eut du vent et des tempêtes, et ils voguèrent si longtemps que les provisions commencèrent à s'épuiser, et il n'y eut plus de sel du tout. C'était terrible !

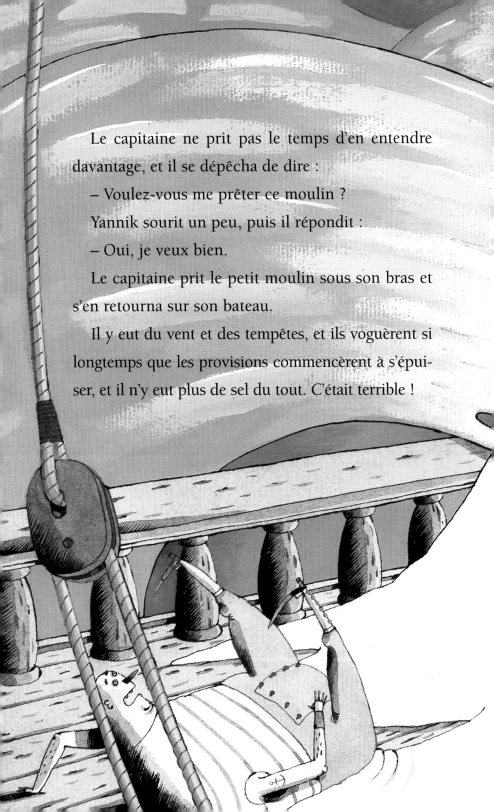

Alors le capitaine se souvint du petit moulin qu'il
avait oublié dans un coin de sa cabine.

– Va chercher la caisse du sel, dit-il au cuisinier.
Nous en aurons bientôt assez.

Le capitaine plaça le petit moulin sur le pont, mit
la boîte au sel devant, et dit :

– Il faut moudre du sel, petit moulin, et le moudre
vitement !

Voilà le petit moulin qui se met à moudre, à
moudre, à moudre du sel, du beau sel blanc tout en
poudre fine.

Quand la caisse fut pleine, le capitaine dit :

– En voilà assez, petit moulin, ça suffit.

Mais le petit moulin moulait toujours et le sel s'amassait sur le pont.

– J'ai dit assez ! cria le capitaine.

Le petit moulin ne voulait rien savoir, et le sel couvrit le pont, et descendit par les écoutilles et remplit l'entrepont.

Le capitaine pestait, et criait, sans succès.

À la fin, il eut une idée : comme le vaisseau trop chargé allait s'enfoncer, il prit le petit moulin et le jeta par-dessus bord. Il tomba droit au fond de la mer. Et depuis ce temps-là le petit moulin a toujours continué à moudre du sel…

Le Vase d'or

Il était une fois, il y a très longtemps, un sultan très méchant. Son cœur était dur aux hommes comme il était dur aux bêtes. Jamais il n'avait pitié de personne, jamais il n'aurait caressé un chien. Tous, du plus humble au plus puissant, le craignaient. Et lui ne craignait qu'une seule chose au monde, la vieillesse. Tous les jours, pendant des heures, il restait assis sur ses coussins, une glace à la main. Et il examinait son visage. S'il remarquait un cheveu gris, vite il le faisait teindre. S'il apercevait une ride, il se massait doucement pour tâcher de la faire disparaître.

– Car, disait-il, tout le monde me craint tant que je suis jeune et fort, mais quand je serai vieux, personne ne m'obéira plus.

Et pour que rien ne vienne lui rappeler la vieillesse, le cruel sultan avait ordonné que tous les vieillards soient tués.

– Je ne veux voir que des visages jeunes autour de moi, disait-il.

Malheur à celui dont les cheveux devenaient gris. Il était emmené par les gardes du sultan et conduit sur la place publique. Là, il avait la tête tranchée.

De toutes parts des femmes et des enfants, des
jeunes filles et des jeunes gens venaient implorer
le sultan et lui demander d'épargner leur mari ou
leur père. Mais il restait inflexible.

À la fin il se fatigua d'entendre jour après jour des
larmes et des suppliques. Il appela ses cavaliers et
leur ordonna d'aller par les plaines et par les
champs, par les routes et les chemins, dans toutes
les villes et les villages et de proclamer partout
sa générosité.

Les cavaliers sellèrent leurs chevaux les plus rapides et partirent par les plaines et par les champs, par les routes et les chemins. À tous les carrefours, sur toutes les places, ils s'arrêtaient, soufflaient dans leurs trompes et criaient :

– Écoutez ! Écoutez tous ! Le sultan grand et généreux vous accorde une grâce ! Celui qui réussira à repêcher le vase d'or tombé au fond du lac devant le palais obtiendra la vie sauve pour son père et gardera le vase en récompense ! Telle est la générosité du sultan ! Mais ceux qui ne parviendront pas

à se saisir du vase, non seulement perdront leur père mais auront, de plus, la tête tranchée comme lui ! Un essai, un seul, entendez bien, aura lieu chaque matin ! Telle est la volonté du sultan !

À peine les cavaliers finissaient-ils leur annonce que les jeunes gens partaient vers le palais du sultan. Chacun voulait arriver le premier pour repêcher le vase d'or et sauver ainsi la vie à son père. L'épreuve semblait facile aux bons nageurs et surtout aux bons plongeurs.

La berge du lac était abrupte et haute. En se penchant un peu on pouvait nettement voir au fond de l'eau transparente et claire un merveilleux vase d'or au col étroit, aux fines ciselures, aux anses délicatement recourbées.

Quatre-vingt-dix-neuf jours passèrent. Et quatre-vingt-dix-neuf beaux jeunes gens eurent la tête tranchée car aucun d'eux n'avait réussi à atteindre le vase d'or au fond de l'eau claire et transparente...

À cette époque-là vivait dans le pays du sultan un jeune garçon nommé Asker. Et lorsqu'il s'aperçut que son père commençait à vieillir, que les premières rides apparaissaient sur son visage, que les premiers cheveux blancs se mêlaient à ses cheveux noirs, il l'emmena dans la montagne, lui construisit une cabane au milieu des rochers et y tint caché l'homme vieillissant. Et chaque soir, après le coucher du soleil, il montait en cachette voir son père et lui portait à manger.

Un soir, Asker resta longtemps assis, silencieux, près de son père, dans la cabane.

– Ô mon fils bien-aimé, toi le plus dévoué de mes enfants, dit le vieil homme, quel souci te tourmente, quel chagrin ronge ton cœur ? Serais-tu las de monter me voir chaque soir ?

– Non, ô mon père, je ne suis pas las de monter ici chaque soir. Et pour te voir en bonne santé, pour te savoir sain et sauf, je suis prêt à faire trois fois plus de chemin, s'il le faut, sur une route trois fois plus pénible. C'est un autre souci qui me ronge. Nuit et jour je pense au vase tombé au fond du lac du sultan. J'ai beau réfléchir, je ne puis arriver à comprendre pourquoi, lorsqu'on regarde du haut de la berge, ce vase apparaît si nettement qu'il semblerait suffisant de tendre la main pour le saisir. Et pourtant, dès que quelqu'un plonge, l'eau se trouble et le vase disparaît comme avalé par le fond.

Sans rien dire, le vieil homme écoutait parler son fils. Longtemps, ensuite, il resta pensif.

– Dis-moi, ô mon fils, demanda-t-il enfin, n'y a-t-il pas sur la berge, au-dessus de l'endroit où se voit le vase, un arbre quelconque ?

– Si mon père, répondit le jeune homme. Sur la berge, juste au-dessus du vase, pousse un grand arbre aux branches touffues.

– Rappelle-toi bien, reprit le père, l'arbre ne se reflète-t-il pas dans l'eau ?

– Si, mon père, l'arbre se reflète dans l'eau...

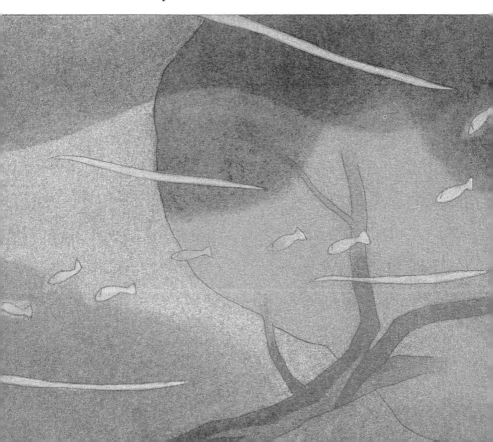

– Dis-moi encore, poursuivit le vieil homme, le vase n'est-il pas visible justement dans le reflet de l'arbre dans l'eau ?

– Oui, père, c'est dans le reflet vert de l'arbre que se voit le vase d'or...

– Alors, écoute-moi attentivement, mon fils, dit le vieil homme. Tu grimperas dans l'arbre. Et c'est là que tu trouveras le vase d'or du sultan. Celui que tu vois dans l'eau n'en est que le reflet, tout comme l'arbre.

Rapide comme la flèche, le jeune garçon dévala la montagne et le lendemain matin se présenta chez le sultan pour tenter l'épreuve à son tour.

– Par ma tête, je l'atteindrai, moi, ton vase d'or, ô puissant sultan, s'écria-t-il en arrivant. Et cette fois tu seras obligé de tenir ta promesse.

– C'est ce que nous verrons, dit le sultan en riant. Il me manquait justement une tête pour atteindre la centaine. Tu arrives à point, mon garçon !

– Qui vivra, verra ! répondit le jeune homme. Je crois bien que cette fois tu n'auras pas ton compte et que ma tête restera sur mes épaules.

– Eh bien, va, tente ta chance, dit le sultan.

Et il ordonna à ses serviteurs de tout préparer pour trancher la centième tête.

Asker alla jusqu'au bord du lac et, sans hésiter un instant, au lieu de se jeter dans l'eau comme l'avaient fait tous les jeunes gens avant lui, il s'approcha de l'arbre qui poussait là, s'agrippa au tronc et grimpa dans les branches.

La foule réunie au bord de l'eau poussa un cri d'étonnement et de pitié.

– Le pauvre garçon, disaient les uns, la crainte l'aura rendu fou !

– Peut-être préfère-t-il plonger du haut de l'arbre, disaient les autres.

Pendant ce temps, Asker était arrivé au sommet de l'arbre et là, accroché parmi les feuilles, il avait découvert le vase d'or au col étroit, aux fines ciselures, aux anses délicatement recourbées. Seulement le vase était accroché à l'envers pour sembler être posé au fond de l'eau pure où il se reflétait comme dans un miroir. Le jeune garçon décrocha le vase et le porta au sultan.

Et le sultan s'étonna grandement.

– Je ne te croyais pas si intelligent, lui dit-il. Est-ce vraiment toi qui as compris comment atteindre le vase ?

– Non, répondit Asker. Seul, je n'y aurais pas pensé. Mais j'ai un vieux père que j'avais caché dans la montagne loin de tes serviteurs. C'est lui qui a deviné où se trouvait le vase.

– Ah ! c'est ainsi, dit le sultan devenu pensif. Il faut donc croire que les hommes âgés sont plus intelligents que les jeunes, puisqu'un seul d'entre eux a su trouver, sans même approcher du lac, ce que cent jeunes garçons n'ont pas su voir...

Et depuis ce temps, dans le pays de ce sultan, tout le monde vénère les hommes âgés et, quand passe un homme aux cheveux blancs, au visage ridé, tous lui cèdent la place et lui font un profond salut.

La Maison des trois loups

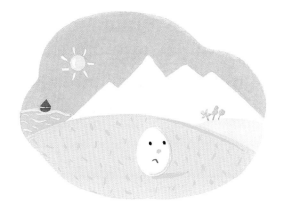

Par-delà les mers, par-delà les terres, loin, loin, derrière les montagnes, il y avait un œuf. Un œuf tout petit, tout blanc, presque transparent. Il s'en-nuyait, cet œuf, et voulut voir du pays.

Il se mit donc en route et, sans plus se soucier de rien, roulant par-ci, roulant par-là, il partit sur les chemins.

Il roulait depuis un certain temps lorsqu'il ren-contra un canard.

– Et où roules-tu donc ainsi, compère ? demanda le canard.

– Je veux voir le monde, répondit l'œuf.

– Tout comme moi, dit le canard.

Et ils continuèrent de compagnie.

L'œuf roulant, le canard boitillant, ils allaient depuis un moment, lorsqu'ils rencontrèrent un coq.

– Où allez-vous donc ainsi, compères ? demanda le coq.

– Nous voulons voir le monde, répondit le canard.

– Tout comme moi, dit le coq.

– Alors, allons de compagnie, reprirent ensemble l'œuf et le canard.

Et ils repartirent droit devant eux, l'œuf roulant, le canard boitillant, le coq se rengorgeant.

Ils allaient tous trois depuis un moment lorsqu'ils rencontrèrent une écrevisse.

– Où allez-vous donc ainsi, compères ? demanda l'écrevisse.

– Nous voulons voir le monde, répondit le coq.

– Tout comme moi, dit l'écrevisse.

– Alors, allons de compagnie, petite écrevisse, proposèrent l'œuf, le canard et le coq.

Et les voilà repartis, droit devant eux, l'œuf roulant, le canard boitillant, le coq se rengorgeant et l'écrevisse allant à reculons.

Tout à coup se dressa devant eux une alêne.

– Qu'est-ce que c'est que ça ? demandèrent l'œuf et l'écrevisse, intrigués.

– Je suis l'alêne du cordonnier, répondit une petite voix pointue.

– Et que fais-tu toute seule sur la route ? demanda le canard.

– Je veux voir le monde, répondit l'alêne.

– Tout comme nous, dirent l'œuf, le canard, le coq et l'écrevisse. Viens avec nous !

Et les voilà repartis tous les cinq, l'œuf roulant, le canard boitillant, le coq se rengorgeant, l'écrevisse allant à reculons et l'alêne cabriolant : pic sur la pointe, pac sur la tête, pic sur la pointe, pac sur la tête.

Un bœuf, cessant de ruminer, les regarda passer.

– Où allez-vous donc ainsi, joyeuse compagnie ? demanda-t-il.

– Nous voulons voir le monde, répondirent-ils.

– Je vais avec vous, dit le bœuf.

Et il se mit à cheminer derrière eux.

Un cheval, venant à leur rencontre, les arrêta :

– Où allez-vous donc ainsi, joyeuse compagnie ?

– Nous voulons voir le monde, répondit le bœuf.

– Je vais avec vous, dit le cheval.

Ils repartirent tous, droit devant eux… l'œuf roulant, le canard boitillant, le coq se rengorgeant, l'écrevisse allant à reculons, l'alêne cabriolant, le bœuf et le cheval suivant derrière.

La nuit tomba.

Devant eux se trouvait une petite maison. Là, habitaient trois loups qui étaient partis chasser.

– On entre ? proposa le cheval.

– On entre, répondirent les autres.

Et chacun trouva un coin à sa convenance : l'œuf dans les cendres tièdes de l'âtre, le canard et le coq perchés sur la cheminée, l'écrevisse au fond d'un baquet plein d'eau ; l'alêne se piqua dans l'essuie-mains, le cheval se coucha au milieu de la pièce et le bœuf s'installa dans la cour.

Fatigués d'avoir tant marché, ils s'endormirent vite.

Et ce fut bientôt le silence.

Mais les trois loups propriétaires de la maison étaient sur le chemin du retour.

Le plus vieux, humant l'air, dit :

– Hum, hum, je sens quelque chose d'insolite dans notre petite maison…

– Qui de nous ira aux nouvelles ? demanda le deuxième.

– Moi ! dit le plus jeune, qui ne craignait rien.

Et bravement, il entra le premier. Il alla droit à la cheminée pour chercher des allumettes, car on n'y voyait guère. Mais le coq et le canard se mirent à caqueter, à cancaner à qui mieux mieux, le hous-pillant du bec.

Effrayé par ce tintamarre, le loup essaya de trouver des braises dans la cheminée. Mais l'œuf lui sauta à la figure, le barbouillant de cendres.

Aveuglé, le loup se précipita vers le baquet pour se laver, mais l'écrevisse lui pinça le nez.

Il voulut alors saisir l'essuie-mains, mais l'alêne lui piqua les pattes.

Aïe !

Épouvanté, le loup recula vers le milieu de la pièce, mais le cheval lui décocha un tel coup de pied qu'il fut projeté dans la cour où le bœuf le reçut sur ses cornes et le renvoya en l'air.

Alors le loup se mit à hurler :

– Les diables sont dans la maison ! La cheminée crie, les cendres vous sautent à la figure, l'eau du baquet pince, l'essuie-mains pique, des coups de pied sortent du plancher et des fourches vous jettent en l'air ! Sauvons-nous, mes frères, sauvons-nous !

Et les loups se sauvèrent à travers la forêt.

Dans la maison redevenue silencieuse, nos compagnons se rendormirent et, de bonne heure le lendemain, se remirent en route. Et, qui sait, peut-être les rencontrerez-vous un beau jour sur le chemin, l'œuf roulant, le canard boitillant, le coq se rengorgeant, l'écrevisse allant à reculons, l'alêne cabriolant, avec le bœuf et le cheval suivant derrière. Ils vont voir le monde…

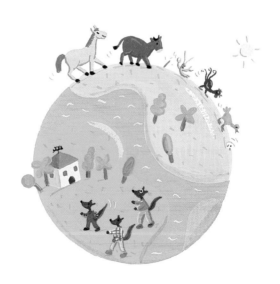

Le Lion et le Moucheron

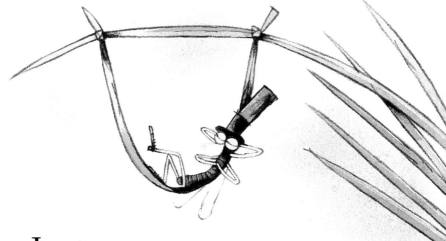

Le soleil avait disparu dans son lit de nuages. Les habitants de la forêt avaient regagné leurs gîtes et leurs repaires. Le dernier bruit avait cessé son dernier bruissement, la dernière abeille avait bourdonné son dernier bourdonnement, le dernier ours avait grogné son dernier grognement ; même les cigales, qui avaient chanté tout l'été, se taisaient à présent.

Près du ruisseau, un petit moucheron s'était fait une balançoire avec un brin d'herbe flexible et commençait à s'assoupir aussi.

La nuit devenait toujours plus noire, jusqu'à ce qu'on pût presque la sentir, et il y avait un si grand silence que c'était comme si une voix puissante, mais basse, avait murmuré : « Chuuuuut ! »

Juste au moment où tout était si calme que vous auriez entendu tomber une feuille, arriva du fin fond de la forêt un sourd rugissement ! R R R !

Immédiatement, toutes les créatures, féroces ou non, furent réveillées, et le petit moucheron eut si peur que son cœur en fit « pouf ! pouf ! ». Il se frotta les yeux avec ses pattes de devant et regarda tout autour dans la nuit.

Qu'est-ce que vous pensez que c'était ?…
Un lion ! Oui, un lion. Un grand, gros, gras lion,
qui cherchait son souper. Il arrivait, bondissant à
travers le fourré, fouettant l'air de sa queue et
ouvrant ses énormes mâchoires, il ru-gi-ssait !

La lune s'était levée, et comme le lion arrivait près
du brin d'herbe où se tenait le moucheron, celui-ci
le vit. Il n'avait pas peur des lions, de sorte qu'il
cria :

– Hi ! ho ! Taisez-vous donc ! Pourquoi faites-
vous tout ce tapage ?

Le lion s'arrêta court, et toisa le moucheron avec
   dédain.

   – Petit rien du tout ! Comment osez-
   vous me regarder, moi ?

   – Un chien regarde bien un roi, riposta le
moucheron. Ne pouvez-vous laisser les honnêtes
gens dormir en paix ? Restez dans votre domaine, de
l'autre côté de l'eau, et ne venez pas nous ennuyer.
Quel droit avez-vous d'être ici ?

   Le lion fit un grand effort pour ne pas se mettre
en colère.

– Quel droit ? Mon droit ! Je suis le roi de la forêt. Je fais ce qu'il me plaît, je dis ce qu'il me plaît, je mange ce qu'il me plaît, je vais où il me plaît, parce que je suis le roi de la forêt.

– Qui a dit que vous étiez le roi ? demanda tranquillement le moucheron.

– Qui l'a dit ?… rugit le lion. Moi, je le dis, car je suis le plus fort, et toute créature a peur de moi.

– Oh ! pour ça ! fit l'impertinent insecte. Mais moi, je n'ai pas peur de vous, par exemple, donc vous n'êtes pas roi.

Le lion entra dans une véritable rage, en quoi il eut grand tort, car il ne savait plus ce qu'il disait.

– Pas roi, pas roi, répétez-le, si vous l'osez !

– Oh ! oui, je l'ose, et vous ne serez jamais roi, si vous ne luttez pas contre moi et si vous n'êtes pas vainqueur.

– Lutter contre toi ? dit le lion en se calmant un peu. Qui a jamais entendu parler de ça ? Le combat du lion et du moucheron, hein ? Va, petit atome, avec un souffle, je t'enverrais à l'autre bout du monde !

Mais il n'envoya rien du tout nulle part, car il eut beau gonfler ses joues, et souffler le plus fort qu'il put, cela fit seulement aller la balançoire un peu plus vite, et le petit moucheron s'amusait de tout son cœur, et criait : « Encore ! encore ! »

– Oh, laissez-moi rire… disait-il, vous allez faire partir vos moustaches si vous soufflez si fo-ort ! Oh ! là ! là ! prenez garde aux courants d'air, ça va vous donner mal aux dents ! Je vais dire à tout le monde que je suis plus fort que vous et que c'est moi qui suis roi, roi, roi, roi !

Alors le lion perdit toute mesure et se jeta sur le moucheron pour l'avaler, mais il n'avala que le brin d'herbe, qui lui gratta le gosier et le fit tousser, car l'insecte rusé s'était envolé, et s'était niché… où ?

Juste dans une des narines du lion, et, là, il commença à le chatouiller et à le piquer.

Le lion bondit, et grogna, et éternua : atchoum !... Mais le moucheron le piquait toujours ; il frotta sa grosse tête sur le gazon ; il s'égratigna avec ses griffes ; il rugit, il mugit... le moucheron piquait toujours.

– Oh ! mon nez ! mon nez ! mon pauvre nez ! at… choum ! descends, descends, at… choum ! Oh ! mon nez, mon nez !… Tu seras roi de la forêt, tu seras tout ce que tu voudras, si seulement tu descends !

Alors le moucheron sortit de la narine du lion, qui s'en retourna sans demander son reste.

Et le moucheron commença à danser de joie tout autour d'un autre brin d'herbe, sur lequel il finit par se poser en sonnant un air de victoire !

– Je suis roi, roi, roi ! J'ai vaincu un lion, un lion, un lion ! Oh ! qu'il était drôle ! il courait comme ça, et il se penchait… comme ça… et moi… Oh !

Pauvre moucheron ! À force de se pencher çà et là, il s'était entortillé dans quelque chose de fin, et de léger, et de fort… de longs fils blancs qui traînaient sur l'herbe… qui s'enroulaient déjà autour du petit corps de l'insecte, liant ses pattes, ses antennes… et, flip, flop, Toinette l'araignée arrivait sur ses huit pattes, en marmottant :

– Quel bon souper je vais faire…

… S'être cru un roi, et n'être qu'un souper d'araignée ! n'est-ce pas une triste fin ?

Un grand, fort lion… vaincu par ?…

Un moucheron !…

Un rusé moucheron… vaincu par ?…

Une toile d'araignée !…

Le Tigre, le Brahmane et le Chacal

Savez-vous ce que c'est qu'un brahmane ? Un brahmane est un hindou qui ne fait jamais de mal aux animaux, et qui les traite en frères. Il y aurait bien d'autres choses à dire sur ce qu'est un brahmane, mais cela suffit pour notre histoire. Donc, un jour, un brahmane traversait un village de l'Inde, quand il vit sur le bord de la route une grande cage de bambou, et dans cette cage il y avait un tigre, que les villageois avaient pris au piège et enfermé là pour le vendre à une ménagerie, parce qu'il leur mangeait tous leurs moutons.

– Oh ! frère Brahmane, frère Brahmane, dit le tigre, ouvre la porte et laisse-moi sortir un peu, pour aller boire. J'ai si soif, et on n'a point mis d'eau dans la cage.

– Mais, frère Tigre, dit le brahmane, si j'ouvre la porte, tu me sauteras dessus et tu me mangeras ?

– Comment peux-tu le croire ? dit le tigre. Jamais de la vie je ne voudrais faire pareille chose ! Fais-moi sortir juste une petite minute, pour chercher une goutte d'eau, frère Brahmane !

Le brahmane ouvrit la porte de la cage et laissa sortir le tigre, mais dès que celui-ci fut dehors, il sauta sur le brahmane pour le manger.

– Mais, frère Tigre, dit le pauvre brahmane, tu m'as promis de ne pas me manger ! Ce que tu fais là n'est ni honnête ni juste !

– C'est tout à fait honnête et juste, dit le tigre, et quand ça serait autrement, ça m'est égal. Je vais te manger.

Mais le brahmane supplia tellement le tigre que celui-ci finit par consentir à attendre jusqu'à ce qu'ils eussent consulté les cinq premières personnes qu'ils rencontreraient.

La première chose qu'ils virent sur le bord du chemin fut un grand figuier banian.

– Frère Banian, dit le brahmane, est-il juste et honnête que le tigre veuille me manger après que je l'ai fait sortir de sa cage ?

Le figuier banian les regarda, et dit d'une voix lasse :

– Pendant l'été, quand le soleil est brûlant, les hommes viennent s'abriter à mon ombre et se rafraîchissent avec mes fruits ; mais, quand le soir vient et qu'ils sont reposés, ils cassent mes branches

et éparpillent mes feuilles. L'homme est une race ingrate. Que le tigre mange le brahmane.

Le tigre sauta sur le brahmane, mais celui-ci cria :

– Pas encore ! pas encore ! Nous n'en avons vu qu'un ! Il y en a encore quatre à consulter.

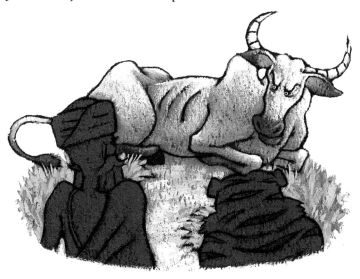

Un peu plus loin, ils virent un buffle couché en travers du chemin. Le brahmane s'arrêta et lui dit :

– Frère Buffle, oh ! frère Buffle, est-ce qu'il te semble honnête et juste que ce tigre veuille me manger, quand je viens juste de le faire sortir de sa cage ?

Le buffle les regarda, et dit d'une voix basse et profonde :

– Quand j'étais jeune et fort, mon maître me faisait travailler dur, et je le servais bien. Je portais de lourds fardeaux, et je traînais de grandes charrettes. Maintenant que je suis vieux et faible, il me laisse sans eau et sans nourriture pour mourir sur le chemin. Les hommes sont ingrats. Que le tigre mange le brahmane.

Le tigre fit un bond, mais le brahmane dit très vite :

– Oh ! mais, ce n'est que le second, frère Tigre, et tu m'en as accordé cinq !

Le tigre grommela beaucoup, mais consentit à aller un peu plus loin.

Bientôt, ils virent un aigle, planant au-dessus de leurs têtes, et le brahmane l'implora :

– Oh ! frère Aigle, frère Aigle ! Dis-nous s'il te semble juste que ce tigre veuille me manger, après que je l'ai délivré d'une terrible cage ?

L'aigle continua à planer lentement pendant quelques instants, puis il descendit et parla d'une voix claire :

– Je vis dans les nuages, et je ne fais aucun mal aux hommes. Cependant, toutes les fois qu'ils peuvent trouver mon aire, ils tuent mes enfants et me lancent des flèches. Les hommes sont une race cruelle. Que le tigre mange le brahmane.

Le tigre sauta de nouveau, et le brahmane eut bien de la peine à le persuader d'attendre encore. Il y consentit pourtant, et ils continuèrent leur chemin. Un peu plus loin, ils virent un vieux crocodile, à demi enterré dans la vase, près de la rivière.

– Frère Crocodile, frère Crocodile, dit le brahmane, est-ce que vraiment il te semble juste que ce tigre veuille me manger, alors que je l'ai délivré de sa cage ?

Le vieux crocodile se retourna dans la vase, et grogna, et souffla, après quoi, il dit, de sa voix éraillée :

– Je reste tout le jour couché dans la vase, aussi innocent qu'une colombe. Je ne chasse pas les hommes, et pourtant, toutes les fois qu'un homme me voit, il me jette des pierres et me pique avec des bâtons pointus, en m'insultant. Les hommes ne valent rien. Que le tigre mange le brahmane.

– Il y en a assez comme cela, dit le tigre, tu vois bien qu'ils sont tous du même avis. Allons !

Le Tigre, le Brahmane et le Chacal

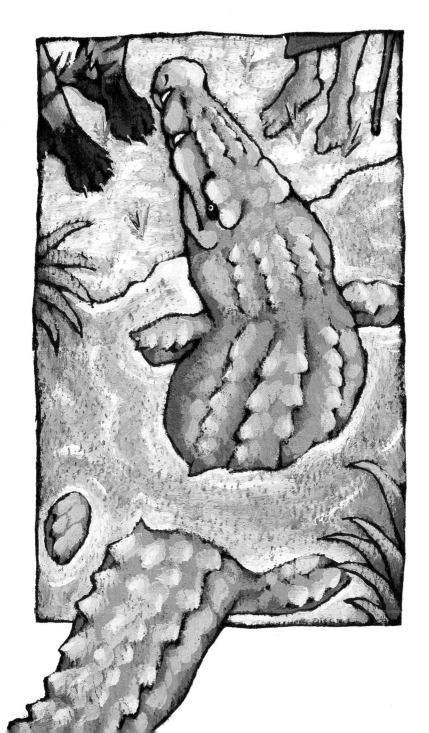

– Mais il en manque un, frère Tigre, dit le pauvre brahmane, plus qu'un, le cinquième !

Le tigre finit par consentir, bien contre son gré.

Bientôt ils rencontrèrent un petit chacal, trottant gaiement sur la route.

– Oh ! frère Chacal, frère Chacal, dit le brahmane, dis-nous ce que tu penses ! Est-ce que vraiment tu trouves juste que ce tigre veuille me manger, après que je l'ai délivré de sa cage ?

– Plaît-il ? demanda le petit chacal.

– Je dis, répéta le brahmane en élevant la voix, crois-tu qu'il soit juste que ce tigre me mange, quand c'est moi qui l'ai fait sortir de sa cage ?

– Cage ? répéta le petit chacal d'un ton distrait.

– Oui, oui, sa cage, dit le brahmane. Nous voulons avoir ton avis. Penses-tu…

– Oh ! dit le petit chacal. Vous voulez avoir mon avis ? Alors, je vous prierais de parler bien distinctement, car je suis quelquefois assez lent à comprendre. Qu'est-ce qu'il y a ?

– Penses-tu, dit le brahmane, qu'il soit juste que ce tigre veuille me manger, quand c'est moi qui l'ai fait sortir de sa cage ?

– Quelle cage ? demanda le petit chacal.

– Celle où il était, donc, dit le brahmane. Tu vois bien…

   – Mais je ne comprends pas bien, interrompit le petit chacal. Tu dis que tu l'as délivré ?

   – Oui, oui, oui, dit le brahmane. C'est arrivé comme ça : Je marchais le long de la route, et je vis le tigre…

   – Oh ! ma tête ! dit le petit chacal. Je ne pourrai jamais rien comprendre, si tu commences une si longue histoire. Il faut parler plus clairement. Quelle sorte de cage ?

   – Une grande cage ordinaire, dit le brahmane, une cage en bambou.

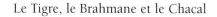

– Ça ne me dit rien du tout, fit le petit chacal. Vous feriez mieux de me montrer la chose, alors, je comprendrai tout de suite.

Ils rebroussèrent chemin et arrivèrent à l'endroit où se trouvait la cage.

– À présent, voyons un peu, dit le petit chacal, frère Brahmane, où étais-tu placé ?

– Juste ici, sur la route, dit le brahmane.

– Tigre, où étais-tu ? dit le petit chacal.

– Eh bien ! dans la cage, naturellement, dit le tigre, qui commençait à s'impatienter, et qui avait bien envie de les manger tous les deux.

– Oh ! je vous demande pardon, monseigneur, dit le petit chacal. Je suis vraiment bien peu intelligent. Je ne peux pas me rendre compte. Si vous vouliez bien... Comment étiez-vous dans cette cage ? Dans quelle position ?

– Idiot ! Comme cela ! dit le tigre, en sautant dans la cage ; là dans ce coin, avec la tête tournée de côté.

– Oh ! merci, merci, dit le petit chacal. Je commence à voir clair, mais il y a encore quelque chose ; pourquoi y restiez-vous ?

– Ne peux-tu pas comprendre que la porte était fermée ? hurla le tigre.

– Ah ! la porte était fermée ? Je ne comprends pas très bien. La... porte... était... fermée ? Comment était-elle fermée ?

– Comme cela, dit le brahmane en poussant la porte.

– Ah ! comme cela ? Très bien, dit le petit chacal. Mais, je ne vois pas de serrure. Ce n'est pas très solide. Pourquoi le tigre ne pouvait-il pas sortir ?

— Parce qu'il y a un verrou, dit le brahmane en poussant le verrou.

— Ah ! il y a un verrou ? dit le petit chacal. Vraiment ? Il y a un verrou ?…

— Eh bien, mon bon ami, dit-il au brahmane, maintenant que le verrou est poussé, je vous conseille de le laisser comme il est. Et pour vous, monseigneur, continua-t-il en s'adressant au tigre plein de fureur, je crois qu'il se passera un certain temps avant que vous ne trouviez quelqu'un d'autre pour vous ouvrir.

Et se tournant vers le brahmane, il lui fit un profond salut.

— Adieu, frère, dit-il. Votre chemin va par ici, et le mien va par là. Bonjour !

TABLE DES HISTOIRES